Brutal Poland

Build Your Brutalist Polish People's Republic

Zbuduj Swój Betonowy PRL

By Zupagrafika

David Navarro & Martyna Sobecka

-

Foreword | Prolog: Anna Cymer

ZUPA
GRA
FiKA

Contents | Spis Treści

Foreword | Prolog — 5

Za Żelazną Bramą. Warsaw | Warszawa — 8
Smolna 8. Warsaw | Warszawa — 14
Hotel Forum. Kraków — 18
'Manhattan'. Łódź — 26
Os. Orła Białego. Poznań — 32
Falowiec. Gdańsk — 38
Spodek. Katowice — 44
Superjednostka. Katowice — 48
Os. Plac Grunwaldzki. Wrocław — 54

Press-out models | Modele do składania — 63

Author | Autor — 87
Acknowledgements | Podziękowania — 88

Concrete is the second most prevalent matter on Earth after water. Although it was already known in ancient times, its contemporary form was only developed in the 19th century and has been widely used in modern architecture ever since. Concrete allows quick, cheap, high and efficient construction. Thus, it was a perfect building material at the turn of the 19th and 20th centuries, when such edifices were in high demand. Soon architects discovered its other assets, such as flexibility, boldness and the wide array of effects it offered. Following Reyner Banham, it was Auguste Perret who first 'made concrete aesthetically acceptable'. He built burgher houses and futuristic churches deliberately exposing the distinctive features of the construction material rather than, as practiced until then, covering them up. Le Corbusier was a fan of concrete's rawness and coarseness, while German modernists valued its solid and expressive character. After WWII, the brutalists started to mould it into different shapes, showing not only its rough gravity and monumentality but also unparalleled vividness. Oskar Niemeyer designed concrete sculptures rather than regular buildings, while Alison

Za Żelazną Bramą Estate as seen from the Palace of Culture and Science, 1972.
NAC

and Peter Smithson saw the material as an optimal solution for erecting social houses in European cities, which were recovering after the atrocities of WWII.

The eastern side of the Iron Curtain, including Poland, was also fascinated by concrete. Because of the centralization of the construction industry and strict norms and regulations imposed externally by the state, however, the architects could not use it as freely and creatively as they wished. Concrete was perceived as purely basic, rather than a sophisticated, interesting or unique building material and it is only recently that we have started to appreciate how ingenious the Polish architects were in using prefabricates and how playfully those large grey structures were carved.

'we have started to appreciate how ingenious the Polish architects were in using prefabricates and how playfully those large grey structures were carved'

Indeed, Spodek multipurpose arena in Katowice – the icon of the Polish post-war architecture and most recognizable building in the country aside from the Warsaw Palace of Science and Culture – is a concrete sculpture. This futuristic structure was not made to fit in but is a piece of fine architecture on its own terms and blatantly stands out in the modernist centre of Katowice, similar to the mighty Hotel Forum. Its dynamic and massive body stretches along the Vistula Boulevards in

betonowe rzeźby niż tradycyjne budynki, a Alison i Peter Smithsonowie uważali ten materiał za optymalny w tworzeniu projektów społecznych dla dźwigających się po wojennej tragedii europejskich miast.

Beton fascynował również architektów po wschodniej stronie Żelaznej Kurtyny – także w Polsce. Tu jednak swobodę wyrazu i fantazję w jego kształtowaniu utrudniało centralne sterowanie produkcją budowlaną i narzucane przez państwo wymogi, normatywy, regulacje. Choć beton stanowił podstawę produkcji budowlanej nie był powszechnie odbierany jako materiał finezyjny, interesujący czy oryginalny. Dopiero po latach zaczynamy dostrzegać pomysłowość polskich architektów na wykorzystanie betonowych prefabrykatów i na swobodę, z jaką kształtowali masywne, szare bryły.

„zaczynamy dostrzegać pomysłowość polskich architektów na wykorzystanie betonowych prefabrykatów i na swobodę, z jaką kształtowali masywne, szare bryły"

Ikona polskiej architektury powojennej, najbardziej obok warszawskiego Pałacu Kultury i Nauki rozpoznawalny budynek w kraju – katowicka hala widowiskowa „Spodek" - jest właśnie rzeźbą z betonu. Futurystyczna bryła nie nawiązuje do otoczenia, stanowi jakość samą w sobie, „rozpychając się" wśród modernistycznej zabudowy centrum Katowic. Podobnie działa wyrazista bryła Hotelu Forum, którego dynamiczna i masywna sylwetka rozciąga

Kraków and is an interesting counterbalance to the historical Wawel Hill on the opposite river bank.

Although post-war Poland focused mainly on erecting housing architecture, it was not all standardized, monotonous and deprived of original ideas, contrary to popular belief. Despite serialization and industrialization, there was also room for experiments, both formal, such as the Smolna street high-rise 'Hammer' in Warsaw and inspired by the latest international trends, like Superjednostka in Katowice, a Polish take on Unité d'Habitation. Some housing units, like Plac Grunwaldzki in Wrocław resemble waving reliefs, others, such as the 'closet'-like Za Żelazną Bramą were designed to bring new order to urban landscapes, still others, despite their potentially large size amuse with their unique facades, like 'falowce' in Gdańsk and Poznań, or intentionally dominate over city centres and their historical architecture, of which the Łódź 'Manhattan' is a good example.

It has already been several years since these brutalist edifices were erected and we now have the privilege of looking at them objectively and appreciating their concrete beauty. They are significant and still attractive elements of our landscape and they are, therefore, worth observing and understanding.

się wzdłuż wiślanych bulwarów w Krakowie, stanowiąc ciekawą przeciwwagę dla położonego na drugim brzegu rzeki Wzgórza Wawelskiego.

Najważniejszą dziedziną produkcji architektonicznej w powojennej Polsce było mieszkalnictwo. I tu łatwo obalić stereotyp, jakoby było ono zunifikowane, monotonne, wyzute z oryginalności. Mimo normalizacji i uprzemysłowienia znajdowało się miejsce na eksperymenty formalne, jak wysokościowiec zwany „Młotkiem" przy ulicy Smolnej w Warszawie czy inspirowane najbardziej aktualnymi poszukiwaniami światowymi - jak katowicka Superjednostka, będąca polską odpowiedzią na Jednostkę Marsylską. Bywają bloki zamienione w falujące rzeźby - przykładem osiedle Plac Grunwaldzki we Wrocławiu i w radykalnie porządkujące przestrzeń „szafy" (jak osiedle Za Żelazną Bramą). Są takie, które mimo znaczących rozmiarów cechują się niebanalnymi formami (jak gdańskie falowce i poznańskie domy z osiedla Orła Białego); inne – jak łódzki „Manhattan" - z rozmysłem dominują nad centrum miasta, stanowiąc przeciwwagę dla historycznej zabudowy.

Od powstania brutalistycznych brył minęło trochę czasu – ten dystans pomaga nam oceniać je bez emocji i dostrzegać ich betonowe piękno. Warto się im przyglądać, warto rozumieć, bo to ważne i wciąż atrakcyjne elementy naszego pejzażu.

Anna Cymer

Architectural historian, author of *Architektura w Polsce 1945-1989*

Historyczka architektury, autorka książki *Architektura w Polsce 1945-1989*

Built | Budowa: 1965-72
District | Dzielnica: Śródmieście, Wola

Architects | Architekci: Andrzej Skopiński, Jerzy Czyż, Jan Furman, Jerzy Józefowicz

Complex of 19 buildings
Kompleks 19 budynków

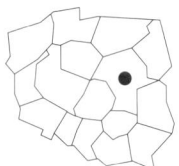

Warszawa > Za Żelazną Bramą

Visiting the former Warsaw Jewish Ghetto, you may be surprised to find yourself in the middle of a large scale estate – Za Żelazną Bramą ('Behind the Iron Gate'), erected on its remnants and shaping one of the most unique landmarks of the city. Its urban plan by Jerzy Czyż, Jan Furman, Andrzej Skopiński and Jerzy Józefowicz was a winning design in a contest organized by the Association of Polish Architects in 1961. While their scale can be overwhelming if walking among the 19, 16-storey cast-in-place 'concrete monoliths', the aerial view of the estate allows

Odwiedzając dziś byłe warszawskie getto, znajdziemy się – ku zaskoczeniu wielu – w środku ogromnego osiedla Za Żelazną Bramą, które zostało wzniesione na jego zgliszczach i jest jednym z najbardziej unikalnych symboli miasta. Osiedle zbudowano według planu zagospodarowania autorstwa Jerzego Czyża, Jana Furmana, Andrzeja Skopińskiego i Jerzego Józefowicza, który w 1961 roku zwyciężył w konkursie organizowanym przez SARP. Gdy przechadzamy się dookoła tych dziewiętnastu szesnastokondygnacyjnych „betonowych monolitów", wylewanych in situ, ich skala może wydawać się nam przytłaczająca, jednak

Entrance to one of the blocks from Marszałkowska street. Za Żelazną Bramą Estate.

Wejście do jednego z bloków od ul. Marszałkowskiej. Osiedle Za Żelazną Bramą.

◁

Za Żelazną Bramą Estate bordered by Graniczna, Twarda, Prosta, Żelazna, Chłodna and Ptasia streets.

Granice osiedla Za Żelazną Bramą wyznaczają ulice Graniczna, Twarda, Prosta, Żelazna, Chłodna i Ptasia.

△

A 1970s tower block in the district of Mokotow.

Wieżowiec z lat 70. w dzielnicy Mokotów.

for a better understanding and appreciation of their arrangement in the context of Śródmieście district. Several architectural war survivors, such as a synagogue, two market halls (Hale Mirowskie), a catholic church and residential buildings located within the complex lurk from behind these modernist slabs and remind of the stormy past of the area. Since completion in 1972, despite rather small living spaces offered (from 27 to 57m2), Za Żelazną Bramą has been a very desirable address. It was home to many celebrities and inspired screenplays, songs

wystarczy spojrzeć na nie z lotu ptaka, aby lepiej zrozumieć i docenić ich rozmieszczenie w kontekście dzielnicy Śródmieście. Zza tych modernistycznych gigantów nieśmiało wyglądają budowle, które przetrwały drugą wojnę światową, takie jak synagoga, Hale Mirowskie, kościół rzymskokatolicki i budynki mieszkalne przypominające o burzliwej przeszłości tego miejsca. Od momentu ukończenia jego budowy w 1972 roku, pomimo raczej niewielkich powierzchni mieszkań (od 27 do 57 m2), Za Żelazną Bramą zawsze było bardzo pożądanym adresem. Przez lata swego istnienia osiedle stało się inspiracją dla scenariuszy filmowych, piosenek, książek

and books, which made it one of the most recognizable estates in Warsaw. With plenty of greenery, playgrounds, easy access to services, breathtaking views and a prime location, these concrete giants are still popular abodes to this day. Like other socialist era residential complexes, built either in the city centre, such as Torwar Estate, or in districts like Ursynów, Białołęka or Targówek, the post-war modernist architecture remains in high demand among the inhabitants of the Polish capital, serving as the best proof of its functional and timeless character.

i domem wielu sław, co zapewniło mu dużą rozpoznawalność. Duże połacie zieleni, place zabaw, dobry dostęp do wszystkich usług, zapierające dech w piersiach widoki z okien i doskonała lokalizacja, sprawiają, że warszawiacy chcą tu mieszkać do dziś. Podobnie jak inne budynki mieszkalne wybudowane w tych czasach, zarówno w centrum miasta, jak Osiedle Torwar, jak i na jego krańcach (Ursynów, Białołęka czy Targówek), powojenna modernistyczna architektura pozostaje tu dobrym miejscem do życia, co dowodzi jej funkcjonalności i ponadczasowego charakteru.

△

W-70 prefab panel blocks in the district of Ursynów.

Wielka płyta W-70 w dzielnicy Ursynów.

▷

Torwar Estate in Solec, Śródmieście.

Osiedle Torwar, Solec, Śródmieście.

Built | Budowa: 1964-76 Architects | Architekci: Jan Bogusławski, Bohdan Gniewiewski Height | Wysokość: 66 m
District | Dzielnica: Śródmieście Flats | Mieszkania: 140

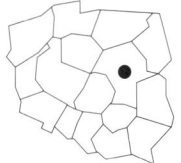

Warszawa > Smolna 8

Towering over the city centre and overlooking Jerozolimskie Avenue and the Vistula River, Smolna 8, designed by Jan Bogusławski and Bohdan Gniewiewski, was one of the most spectacular high-rise blocks erected in the PRL (Polish People's Republic). It was first planned as a hotel for the Polish expats visiting Warsaw. However, due to the housing shortage, it eventually became a residential unit. Unlike the mass concrete prefab panel blocks popping up around Warsaw in the 1970s, Smolna 8 was built using the best materials and newest technologies available at the time to create a

Górujący nad centrum miasta gmach projektu Jana Bogusławskiego i Bohdana Gniewiewskiego, z widokiem na Aleje Jerozolimskie i Wisłę był jednym z najbardziej spektakularnych wieżowców wniesionych w PRL. Początkowo planowano urządzić tu hotel dla polskich emigrantów odwiedzających Warszawę, jednak w związku z kryzysem mieszkaniowym wysokościowiec został przekształcony w budynek mieszkalny. W przeciwieństwie do stawianych na masową skalę bloków z wielkiej płyty, które w latach 70. rosły w Warszawie jak grzyby po deszczu, Smolna 8 miała

The characteristic shape won the building numerous nicknames, such as 'The Hammer' and 'The House with a Dropped Jaw'.

Z powodu charakterystycznego kształtu budynku, nadano mu liczne przydomki, takie jak Młotek czy Dom z Opadłą Szczęką.

solid and durable edifice. While most were on a long waiting list to be granted their own M-4 (a flat for a family of four with three rooms and a kitchen) in wielka płyta ('prefab panel blocks'), spacious 40 to 65m2 apartments in Smolna 8 were being sold by PUMA real estate company (in charge of the building after its completion), sometimes in exchange for American dollars, to those who could afford them. No wonder there were many urban legends about tenants' lavish lifestyles, including communist party members landing helicopters on the building's rooftop, whose peculiar shape won it the nicknames 'The Hammer' and 'The House with a Dropped Jaw'. The truth is that the two last floors were home to the mythical 'Akropol' restaurant and an exclusive dancing club. After the 1990s, when a housing association took charge of the building, the locals hosted a night club and then a culinary and event studio. The ground floor used to house a coffee shop with a concrete terrace and a view over Beyer`s Park. This 19- floor icon of Warsaw modernism was listed as a historic monument in 2016.

być konstrukcją solidną i trwałą, dlatego przy jej budowie użyto najlepszych materiałów i najnowszych technologii dostępnych w tym czasie. Podczas gdy większość obywateli czekała na przydział swojego M-4 (mieszkanie dla rodziny czteroosobowej z trzema pokojami i kuchnią) w wielkiej płycie, agencja nieruchomości PUMA, która zajmowała się Smolną 8 zaraz po ukończeniu budowy, sprzedawała tam duże 40- i 65-metrowe mieszkania za dewizy tym, którzy mogli sobie na nie pozwolić. Nic dziwnego, że na temat jej mieszkańców krążyło wiele miejskich legend, np. o helikopterach partyjnych lądujących na dachu, którego charakterystyczny kształt sprawił, że budynek nazywany jest Młotkiem lub Domem z Opadniętą Szczęką. Prawdą jest, że dwa ostatnie piętra zajmowały legendarna restauracja Akropol i lokal z ekskluzywnym dancingiem. Po roku 1990, kiedy administratorem budynku została spółdzielnia mieszkaniowa, ich miejsce zajął klub nocny a później studio kulinarno-eventowe. Na parterze znajdowała się natomiast kawiarnia z betonowym tarasem, wychodzącym na park Beyera. W 2016 roku ta dziewiętnastopiętrowa ikona warszawskiego modernizmu została wpisana do rejestru zabytków.

Smolna 8 high-rise as seen from Beyer's Park.

Wieżowiec Smolna 8 widziany z parku Beyera.

Built | Budowa: 1978-89 Architect | Architekt: Janusz Ingarden Street | Ulica: Marii Konopnickiej
District | Dzielnica: VIII Dębniki Rooms | Pokoje: 278 Closed | Zamknięcie: 2002

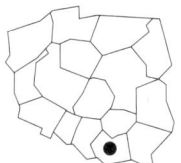

Kraków > Hotel Forum

Resembling the meandering river Vistula, one of the most recognizable examples of the Polish brutalism proudly towers above the Wołyński Boulevard. At the end of the 1970s, Kraków could already take pride in such designs as Nowa Huta, a new town erected from scratch between the 1950s and 1960s and iconic modernist and brutalist edifices like Kino Kijów and the Gallery of Contemporary Art 'Bunkier Sztuki'. However, it was Forum whose futuristic design epitomized splendour and modernity, to become the emblem of the city for visitors. In 1978, Janusz Ingarden, one of the architects behind the urbanization of Nowa Huta, drew

Przypominający meandrującą Wisłę Hotel Forum to jeden z najbardziej rozpoznawalnych brutalistycznych budynków w kraju. Chociaż pod koniec lat 70. Kraków mógł już pochwalić się takimi projektami jak Nowa Huta – miasto wybudowane od zera w latach 50. i 60. – i przykładami modernizmu i brutalizmu na miarę Kina Kijów czy Bunkra Sztuki, to właśnie futurystyczna bryła Forum miała nadać miastu splendoru i nowoczesności oraz stać się wizytówką dla przyjezdnych.

W 1978 roku Janusz Ingarden, jeden z architektów odpowiedzialnych za zagospodarowanie przestrzenne Nowej Huty, przedstawił pierwsze plany budynku, jednak jego oficjalne otwarcie, poprzedzone kryzysem

Elevation detail of Hotel Forum before it was covered with a billboard. Detal elewacji Hotelu Forum uchwycony zanim zakryła ją ogromny billboard.

◁

Hotel Forum as seen from the kart racetrack in Marii Konopnickiej street.

Hotel Forum od strony toru gokartowego na ul. Marii Konopnickiej.

△

The western facade of the 1967 Kijów cinema displays a mosaic by Jerzy Kowal.

Zachodnia ściana Kina Kijów z 1967 roku ozdobiona została mozaiką autorstwa Jerzego Kowala.

up a construction plan for the building but the grand opening only took place in 1989, following the economic crisis that made it hard to source the quality building materials necessary to complete it. Eventually, its massive seven-storey construction became home to a casino, glass Panorama cafe on the roof, swimming pool and air-conditioned rooms with photocells at every door, hosting such guests as Bob Dylan and George Bush. But its heyday did not last long; in 2001, Sofitel took the building over from the

ekonomicznym, który skutecznie uniemożliwił pozyskiwanie wysokiej jakości materiałów potrzebnych do wykończenia hotelu, nastąpiło dopiero w 1989 roku. Masywna siedmiokondygnacyjna konstrukcja oferowała takie udogodnienia jak kasyno, przeszkloną kawiarnię Panorama na szczycie budynku, basen, oraz klimatyzowane pokoje z drzwiami na fotokomórkę; oraz zdążyła gościć takie sławy jak Bob Dylan czy George Bush. Niestety, czasy jej świetności nie trwały długo. W 2001 roku budynek od sieci Orbis Polska przejął Sofitel, a dekada, która minęła od czasu projektu

Polish Orbis franchise. The decade that had passed between its construction onset and the opening turned out particularly transformative for Poland and the modern design from the 1970s became a relic of the unwanted past. As a result of several construction issues detected upon inspection in 2002, after only 13 years, the hotel closed and slowly fell into disrepair. Despite its derelict state and attempts at demolition, it is standing to this day and currently hosts a trendy bar and sauna complex. Although its facades are fully covered by huge billboards, its structure still inspires awe.

hotelu do jego otwarcia, oznaczała dla Polski wielką transformację. Nowoczesny projekt z lat 70. z czasem stał się reliktem niechcianej przeszłości. Po zaledwie trzynastu latach działalności w 2002 roku obiekt został zamknięty ze względu na błędy konstrukcyjne i powoli zaczął niszczeć. Zważywszy m.in. na jego zły stan techniczny, snuto plany rozbiórki budynku, ale jak na razie Hotel Forum nadal dumnie góruje nad Bulwarem Wołyńskimi i mieści modną klubokawiarnię oraz kompleks saun. Pomimo ogromnych billboardów reklamowych szczelnie zakrywających jego elewacje, ta betonowa bryła nie przestaje zachwycać.

△ Modernist estates reshaped Nowa Huta between the 1960s and 1980s.

Krajobraz Nowej Huty zmieniły modernistyczne osiedla wybudowane na przestrzeni lat 60. i 80.

▷ Kombatantów Estate, Nowa Huta, built in the 1980s.

Osiedle Kombatantów z lat 80. w Nowej Hucie.

Mistrzejowice, a prefab panel housing estate in Nowa Huta, built 1987.

Osiedle Mistrzejowice z wielkiej płyty ukończone w 1987 roku, Nowa Huta.

A 1975 sculpture by Wincenty Kućma, nicknamed 'The Concrete Peas', Przy Arce Estate, Nowa Huta.

Rzeźba Wincentego Kućmy z 1975 roku, potocznie nazywana Betonowym Groszkiem. Osiedle Przy Arce, Nowa Huta.

Built | Budowa: 1975-82
District | Dzielnica: Śródmieście

Architect | Architekt: Mieczysław Sowa
Streets | Ulice: Piotrkowska, Wigury, Sienkiewicza, al. Piłsudskiego

Complex of 8 buildings
Kompleks 8 budynków

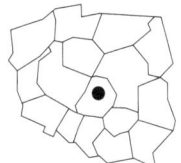

Łódź > 'Manhattan'

By the end of the 1980s, almost every larger city in Poland could boast its very own concrete 'Manhattan'. Aside from the typification and prefabrication, the communist era was also a time when plans of skyscrapers elevating Polish urban centres as high as the western metropolises were boldly dreamt about. Thanks to the architect Mieczysław Sowa, Łódź was also about to get its very own concrete towers. Between 1975 and 1982, eight buildings were cast in place into a reinforced concrete mould, called the 'Łódz Frame' and shaped the Inner City Housing Estate. The applied construction system even made it possible to raise the local 'Manhattan' up to 24 storeys and was a perfect cure for the housing shortage. The facades were finished with reinforced concrete panels that gave them their raw vibe signature. These high-rise residential blocks with their characteristic

Pod koniec lat 80. prawie każde większe miasto w Polsce mogło się pochwalić własnym „Manhattanem". Obok typizacji i prefabrykatów, czasy Polski Ludowej to również odważne sny o drapaczach chmur, które miały podnieść nasze miasta do rangi zachodnich metropolii. Dzięki architektowi Mieczysławowi Sowie Łódź również otrzymała szansę na swoje betonowe wieżowce. Na przestrzeni lat 1975 i 1982 osiem budynków ŚDM (Śródmiejskiej Dzielnicy Mieszkaniowej) zostało wylanych na żelbetowych szkieletach, tzw. ramce łódzkiej. Zastosowana konstrukcja pozwoliła na wywindowanie niektórych części łódzkiego „Manhattanu" aż do 24 kondygnacji i rozwiązywała zarazem problem niewystarczającej liczby mieszkań, z którym zmagało się miasto. Elewacje wykończono żelbetowymi płytami, które nadawały kompleksowi specyficznego, surowego charakteru. Zwieńczone charakterystycznymi sześciennymi zbiornikami

▷
'Manhattan' as seen from the parking lot in Wigury street.

„Manhattan" od strony parkingu na ulicy Wigury.

▷▷
Pp. 28 - 29
Eastern elevation with balconies finished with concrete panels.

Strony 28 - 29
Elewacja wschodnia z balkonami wyłożonymi betonowymi płytami.

cubicle fire water reservoirs on top are connected into large mountain-like ranges, called "mega-closets" dominating over the centre of Łódz. Following the socialist living model, the first tenants came from all walks of life, including labourers of nearby factories, artists, doctors and some evicted from the demolished pre-war edifices. While part of the housing complex underwent thermal modernization, the remaining buildings in Piotrkowska street still display the original facades touched by the passing of time. Indeed, the landscapes of Łódź are very eclectic. The prefab panel blocks erected in the 1970s coexist with neoclassical and secession-style burgher houses, as well as the very pronounced factory infrastructure reminding us of the industrial nature of the city.

przeciwpożarowymi, przyklejone do siebie bloki nazywane są „megaszafami" i przypominają potężne masywy górskie dominujące nad centrum Łodzi. Zgodnie z socjalistycznym modelem mieszkaniowym pierwsi lokatorzy stanowili prawdziwy przekrój społeczeństwa: od pracowników pobliskich fabryk przez artystów, lekarzy, po ludność wysiedloną z rozebranych, przedwojennych kamienic. Podczas gdy część kompleksu jest obecnie po termomodernizacji, pozostałe budynki przy ul. Piotrkowskiej nadal prezentują swoją oryginalną, dotkniętą już zębem czasu elewację. Miejski krajobraz Łodzi w ogóle prezentuje się dość eklektycznie. Wielka płyta z lat 70. sąsiaduje tu z neoklasycznymi i secesyjnymi kamienicami oraz intensywnie obecną architekturą fabryczną, która przypomina o przemysłowym charakterze miasta.

△

Abandoned EC2 heat and power plant in Górna district.

Opuszczona elektrociepłownia EC2 w dzielnicy Górna.

▷

Prefab panel block and pre-war buildings in Fabryczna Estate.

Wielka płyta i przedwojenne kamienice w Fabrycznej.

Built | Budowa: 1980-93 Architects | Architekci: Zdzisław Hirsch, Jan Jaeger Complex of 16 buildings
District | Dzielnica: Żegrze Renovation | Remont: 2016-2022 Kompleks 16 budynków

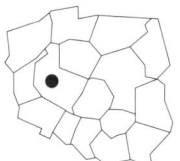

Poznań > Osiedle Orła Białego

Orchards and gardens, fields of crops growing on the fertile chernozem soils, cottage houses upon the river Warta; not so long ago, this was the landscape of Rataje. Today it is the largest sleeping district of Poznań. The plan of the New Town developed by the local Miastoprojekt in collaboration with independent teams of architects was to accommodate over 120,000 people and become a counterbalance to the old districts on the left bank. Rataje was the birthplace of the famous 'ratajska' prefab panel typology in the early 1960s. It was designed as a closed system to target the needs of the demanding hilly construction site and allowed for the assembly of five, 11- and 16-storey blocks in the form of large slabs and high-rises that shaped the panorama of upper and lower

Sady i ogrody z dorodnymi warzywami, pola zbóż dojrzewających na żyznych czarnoziemach oraz wiejskie domki nad Wartą – tak właśnie jeszcze do niedawna wyglądał krajobraz największej dziś sypialni Poznania, dzielnicy Rataje. Nowe Miasto, którego plan został zaprojektowany przez poznański Miastoprojekt oraz zespoły niezależnych architektów, miał zapewnić dach nad głową 120 tys. mieszkańców oraz stać się przeciwwagą dla starszych dzielnic, położonych po przeciwnej stronie rzeki. To tutaj, na początku lat 60. narodziła się słynna wielka płyta „ratajska", zaprojektowana w systemie zamkniętym tak, aby odpowiadać na potrzeby tego wymagającego, kaskadowo położonego terenu. Składano z niej 5-, 11- i 16-kondygnacyjne falowce oraz punktowce, które ukształtowały panoramę dolnego i górnego

One of the ten sixteen-floor tower blocks in Orła Białego Estate.

Jeden z dziesięciu 16-piętrowych wysokościowców na Osiedlu Orła Białego.

◁

The signature prefab panel pattern on the facade of an Orła Białego high-rise.

Charakterystyczny wzór wielkiej płyty na elewacji punktowca na Orła Białego.

△

Tower blocks awaiting renovation, with the estate name written on top.

Oznakowane wieżowce oczekujące na termomodernizację.

Rataje. Orła Białego Estate (initially called Związku Młodzieży Polskiej), completed in the early 1990s, was the last to be erected here. The scale of those structures and their grey raw concrete facades made them look especially brutal when compared to the opposite tile-clad Stare Żegrze Estate. Because of its starkness and might, Orła Białego became rather infamous among the locals and consequently, in the course of its current thermal modernization the elevations have been altered. Meanwhile, another prefab panel system 'winogradzka' was being developed on the left bank of the

tarasu Rataj. Osiedle Orła Białego (początkowo Związku Młodzieży Polskiej) zostało ukończone we wczesnych latach 90. jako jeden z ostatnich kompleksów mieszkaniowych w tej dzielnicy. Jego skala i szare elewacje z surowego betonu sprawiają, że tutejsze bloki wyglądają szczególnie brutalnie w porównaniu chociażby z wyłożonymi witromozaiką budynkami na przeciwległym osiedlu Stare Żegrze. To właśnie jego surowość i przeskalowanie przykleiły Orła Białego łatkę osiedla niezbyt lubianego przez poznaniaków. Ostatecznie jego elewacje mniej lub bardziej zmodyfikowano przy okazji trwającej tam termomodernizacji. Równolegle na lewym brzegu

river to rebuild the districts of Winogrady and parts of the Old Town. It initially allowed for the construction of five- and 13- storey housing units. However, in the 1970s the system started to be modified and adjusted to assemble hotel buildings. One of the variations on 'winogradzka' can be seen in the example of Hotel Polonez designed by Jerzy Liśniewicz and Józef Maciejewski. The streets of Poznań also surprise with a more creative side of post-war modernism, such as the Arena in Grunwald district, the Okrąglak and Alfa towers dominating over the city centre.

Warty rozpoczęła się produkcja wielkiej płyty „winogradzkiej", stworzonej pod zabudowę dzielnic Winogrady oraz Stare Miasto. Początkowo można z niej było zbudować 5- i 13-kondygnacyjne bloki mieszkalne, ale w latach 70. system został poddany modyfikacjom pozwalającym budować z niego obiekty hotelowe. Jedną z wariacji na temat typologii winogradzkiej uosabia Hotel Polonez projektu Jerzego Liśniewicza i Józefa Maciejewskiego. Na ulicach Poznania zobaczymy też bardziej finezyjną stronę powojennego modernizmu w postaci Areny na Grunwaldzie, czy Okrąglaka i wieżowców Alfa dominujących nad centrum miasta.

△
Hala Arena in the district of Grunwald was designed by Jerzy Turzeniecki and built in 1974.

Hala Arena w dzielnicy Grunwald zaprojekowana przez Jerzego Turzenieckiego, zbudowana w 1974 roku.

▷
Hotel Polonez in Niepodległości Avenue, open from 1974 to 2012, which is today a student dormitory.

Hotel Polonez na al. Niepodległości działał w latach 1974-2012, obecnie znajduje się tam dom studencki.

Built | Budowa: 1970-73 Architects | Architekci: Tadeusz Różański, Length | Długość: 860 m
District | Dzielnica: Przymorze Danuta Olędzka, Janusz Morek Flats | Mieszkania: 1792

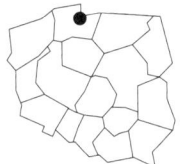

Gdańsk > Falowiec

At the end of the 1950s, a contest for an urban plan for a seaside area in the district of Przymorze was announced. The winning design, by a team of architects led by Tadeusz Różański, allowed for the erection of new homes for circa 50,000 people on 6 km2, making it one of the most populated locations in Gdańsk. The huge venture was divided into two stages: Przymorze Małe, and Przymorze Wielkie, that latter of which was completed in the late 1970s, based on loosely distributed 11-storey housing units with vast green areas and smaller five-storey prefab panel blocks in between. Falowce are built perpendicularly to the seashore and are known for a peculiar microclimate around the buildings, with warm breezes from their southern sides, where the balconies are and cold winds from the North. The housing units were constructed out of prefabricated elements manufactured by a field

Pod koniec lat 50. ogłoszono konkurs na plan zagospodarowania dla nadmorskich gruntów w dzielnicy Przymorze. Zwycięski projekt zespołu architektów pod kierownictwem Tadeusza Różańskiego zakładał wybudowanie nowych domów dla blisko 50-tysięcznej populacji na powierzchni sześciu kilometrów kwadratowych, automatycznie czyniąc tę okolicę jedną z najbardziej zaludnionych w Gdańsku. Ze względu na ogrom przedsięwzięcia podzielono je na dwa etapy: Przymorze Małe i ukończone pod koniec lat 70. Przymorze Wielkie, którego plan oparty był na luźnym rozmieszczeniu siedmiu 11-kondygnacyjnych galeriowców, przepierzonych szerokimi pasami zieleni oraz mniejszymi, 5-kondygnacyjnymi blokami z wielkiej płyty. Falowce ułożone są prostopadle do wybrzeża i słyną ze specyficznego mikroklimatu, który wytworzył się wokół budynków, z ciepłym powietrzem otulającym ich południowe ściany z balkonami i zimnymi

Falowiec in Obrońców Wybrzeża street is the second longest housing block in Europe.

Falowiec na ulicy Obrońców Wybrzeża jest drugim najdłuższym blokiem mieszkalnym w Europie.

factory in situ, using a system called Wielki Blok ('the Big Block'). All have similar characteristics but differ in length and number of segments; the longest 800-metre slab in Obrońców Wybrzeża street is made of four segments. The oblique facades of the buildings create an effect of movement imitating waves on the sea and thus, their name, Falowce – the Wave Blocks. A similar reference to the nearby Baltic Sea was used to design the multipurpose Olivia Arena in the neighbouring Oliwa district. Resembling a boat on a stormy sea, the edifice was developed by Stanisław Kuś in collaboration with Maciej Gintowt and Maciej Krasiński, designers of yet another iconic example of the Polish post-war modernism, Spodek.

wiatrami hulającymi po stronie północnej. Galeriowce wykonano w technologii wielkiego bloku, z prefabrykatów produkowanych w polowej wytwórni przy placu budowy. Na pierwszy rzut oka wszystkie bloki wyglądają podobnie, ale konstrukcyjnie różnią się długością i liczbą segmentów, których najdłuższa 800-metrowa bryła przy ul. Obrońców Wybrzeża liczy aż cztery. Nie bez kozery nazywane są Falowcami, załamane elewacje budynków wydają się bowiem poruszać, imitując ruchy morskich fal. Podobne nawiązanie do Bałtyku wykorzystano przy projektowaniu położonej po sąsiedzku Hali Olivia. Zlokalizowany w Oliwie obiekt widowiskowo-sportowy przypomina łódź kołyszącą się na falach, a za jego realizacją stoją Stanisław Kuś oraz Maciej Gintowt i Maciej Krasiński, autorzy innej ikony polskiego powojennego modernizmu, katowickiego Spodka.

△

Eleven-floor tower blocks erected in 1985 in Przymorze.

Jedenestopiętrowe bloki wybudowane w 1985 roku na Przymorzu.

▷

Hala Olivia has been home to Stoczniowiec ice hokey club since 1972.

Od 1972 w Hali Olivia mieści się klub hokeja na lodzie Stoczniowiec.

Built | Budowa: 1964-71 　Architects | Architekci: 　Multipurpose arena | Hala widowiskowo-sportowa
Street | Ulica: Al. Korfantego 　Maciej Gintowt, Maciej Krasiński 　Renovation | Remont: 2011

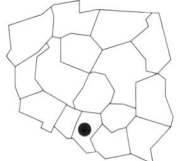

Katowice > Spodek

On the wave of the Polish October 1956, which brought the government more autonomy from the Soviet Union, the city recovered its name Katowice (briefly called Stalinogród from 1953) and started to actively shape its future. In the 1960s, the city centre became a large construction site where a modern town was to be erected from scratch along Armii Czerwonej (the Red Army) street, known today as Wojciecha Korfantego Avenue. To make room for the new steel and concrete grand designs, a controversial decision was taken to level all pre-war edifices in this area, many

Na fali odwilży, która w 1956 pozwoliła Polsce na większe rozluźnienie stosunków ze Związkiem Radzieckim, Katowice odzyskały swoją nazwę (która w 1953 roku na chwilę została zamieniona na Stalinogród) i z impetem przystąpiły do rozbudowy. W latach 60. centrum stało się placem budowy pod nowe miasto, które od zera wybudowano wzdłuż ulicy Armii Czerwonej, dziś Alei Wojciecha Korfantego. Aby zrobić miejsce nowym wielkim projektom z betonu i stali, podjęto kontrowersyjną decyzję o wyburzeniu przedwojennych kamienic, z których wiele przetrwało w tej okolicy

View of Spodek from the new International Congress Centre in Sławika i Antalla Square.

Widok na Spodek z nowego Międzynarodowego Centrum Kongresowego na Placu Sławika i Antalla.

of which were still in good condition. Until the end of the 1970s, such iconic buildings as Dom Handlowy Zenit, Hotel Katowice, BWA Contemporary Art Gallery Pavilion, Ślizgowiec ('The Glider'), Superjednostka and Spodek were built all along the avenue, from the Market Square to Jerzego Ziętka roundabout. Closing the new urbanization from the North was an otherwordly design of a sports and concerts arena by Warsaw architects, Maciej Gintowt and Maciej Krasiński, with a roof structure by Wacław Zalewski. In the mid-1960s, a reinforced concrete foundation was laid on a particularly challenging site, a mining waste dump. It was then supported with flexible poles protecting the construction from any shifts in the unstable ground.

The real novelty was the roof structure built on a steel base with 120 truss lines upholding the vault. The characteristic shape to which Spodek ('the flying saucer') owes its name is mainly due to the arena's multifunctionality. Because every event required a different audience distribution, it was designed to easily adjust the seats and lighting for a given occasion. The entire complex, together with the adjacent hotel, ice-skating rink and a gym, was clad with geometric three-dimensional plates on the outside. Being one of the most important venues in Poland, Spodek serves its purpose to this day and remains a symbol of the post-war modernist architecture and the opportunities it offered.

w dobrym stanie. Do końca lat 70. od Rynku po rondo gen. Jerzego Ziętka wybudowano m.in. takie kultowe konstrukcje jak Dom Handlowy Zenit, Hotel Katowice, pawilon BWA, Ślizgowiec, Superjednostkę czy w końcu Spodek. Kosmiczna bryła hali widowiskowo-sportowej projektu warszawskich architektów Macieja Gintowta i Macieja Krasińskiego, zwieńczona konstrukcją autorstwa Wacława Zalewskiego, domknęła nową zabudowę centrum od północy. Jej żelbetowy fundament wylano na szczególnie wymagający teren hałdy hutniczej w połowie lat 60. i dodatkowo wzmocniono go słupami chroniącymi budynek przed niestabilnym podłożem.

Prawdziwą nowością była konstrukcja sklepienia, które powstało na bazie stalowej ramy i przymocowanych do niej 120 kratownicowych lin, na których spoczywa dach. Charakterystyczna forma, której Spodek zawdzięcza swoją nazwę, podyktowana została przede wszystkim multifunkcjonalnością hali. Ponieważ każde wydarzenie wymaga innego rozstawienia widowni, zaprojektowano ją tak, aby możliwe było dostosowanie trybun i oświetlenia do okoliczności. Cały kompleks łącznie z przylegającymi do niego hotelem, lodowiskiem i salą gimnastyczną został od zewnątrz wyłożony blachą w geometryczny trójwymiarowy wzór. Do dziś Spodek z powodzeniem spełnia swoją funkcję jednej z najpopularniejszych hal widowiskowych w Polsce, a także pozostaje ikoną modernistycznej architektury oraz symbolem możliwości, które oferowała.

A detail of the elevation tiled with tiny geometric plates.

Detal elewacji, wyłożonej małymi płytkami z blachy.

Built | Budowa: 1967-72   Architect | Architekt: Mieczysław Król   Length | Długość: 187,5 m
District | Dzielnica: Śródmieście   Street | Ulica: Al. Korfantego   Flats | Mieszkania: 764

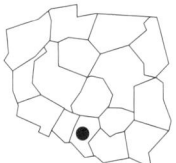

Katowice > Superjednostka

'Our hearts, thoughts, deeds to you, socialist homeland'. This propaganda slogan stood on top of Superjednostka until 1994 and reflected the ideas behind the construction of one of the longest residential blocks in Poland. The architect of the self-sufficient housing unit, Mieczysław Król, had imagined it as the Corbusian 'machine for living' that was to cater for everything one needed in daily life. The 187.5-metre-long building contains over 700 small flats (from 38 to 55.58 m2) and is made of three connected segments. According to the original plans, the lower storeys were to be reserved for services while an entire upper storey was to become a shared kitchen

„Nasze serca, myśli, czyny Tobie, socjalistyczna ojczyzno". Napis, który jeszcze do 1994 roku widniał na szczycie Superjednostki, wspaniale odzwierciedla idee, które przyświecały budowli jednego z najdłuższych bloków w Polsce. Mieczysław Król, projektant samowystarczalnej jednostki mieszkaniowej zwizualizował ją sobie jako corbusierowską „maszynę do mieszkania", w której czeluściach znajdować się miało wszystko, co potrzebne jej mieszkańcom do codziennego życia. 187,5-metrowy budynek mieści ponad 700 małych mieszkań (od 38 do 55,58 m2) i składa się z trzech segmentów. Według oryginalnego planu, na niższych kondygnacjach mieścić się miały lokale usługowe,

Superjednostka and the 1967 Silesian Insurgents' Monument by Gustaw Zemła and Wojciech Zabłocki.

Superjednostka i Pomnik Powstańców Śląskich Gustawa Zemły i Wojciecha Zabłockiego z 1967 roku.

◁ Reinforced concrete *pilotis* upholding Superjednostka's main structure.

Żelbetowe *pilotis* podtrzymujące główną bryłę Superjednostki.

△ 'The Corns' residential tower blocks in Tysiąclecia Estate.

Punktowce 'Kukurydze' na Osiedlu Tysiąclecia.

and dining room for tenants, but these plans were not all realized upon its completion in 1972. Eventually, the inhabitants were granted more privacy with one kitchen per household although to run errands, they still needed to use a labyrinth of stairs (as the lifts only stopped on every third floor). Despite slight alterations to the original design, Superjednostka amuses with its raw simplicity and remains a symbol of socialist architecture, while its structure, made of reinforced concrete prefabricates upheld by oblique pilotis, is home to over 3,000 people today. The capital of Upper Silesia offers more interesting designs of the super unit kind. Hand

a jedno z górnych pięter miało być przeznaczone na wspólną kuchnię i jadłodajnię dla wszystkich mieszkańców. Jednak nie wszystkie początkowe założenia zostały wprowadzone w życie. Ostatecznie, oddany do użytku w 1972 roku budynek gwarantował więcej prywatności dzięki kuchniom przypadającym na każde gospodarstwo domowe; z kolei po sprawunki trzeba było wyjść na zewnątrz, przemierzając zawiłe korytarze schodów, windy zatrzymywały się bowiem tylko na co trzecim piętrze. Pomimo nieznacznych zmian w projekcie, Superjednostka zadziwia swoją surową prostotą i pozostaje symbolem socjalistycznej myśli architektonicznej, a jej bryła z żelbetowych

in hand with the prefab panel blocks popular all around Poland are rare housing complexes such as those built in the 1970s and 1980s : the Roździeńskiego Estate of high-rise blocks in the shape of eight-armed stars (thus, the nickname 'The Stars'), or the rounded 'Corns' in the Tysiąclecie Estate, or 'Tauzen' in Silesian, designed by the team of architects Henryk Buszko, Aleksander Franta and Tadeusz Szewczyk. Together with Superjednostka and other modernist structures standing along Korfantego Avenue, these bold constructions shape the unique panorama of the city.

prefabrykatów, wsparta na ukośnych pilotis, jest dziś domem dla ponad 3000 osób. W stolicy Górnego Śląska nietrudno znaleźć więcej ciekawych projektów na miarę Superjednostki. Obok popularnych w całym kraju bloków z wielkiej płyty stoją tu tak oryginalne kompleksy, jak zrealizowane na przestrzeni lat 70. i 80. przez zespół architektów Henryka Buszko, Aleksandra Franty i Tadeusza Szewczyka, Osiedle Roździeńskiego (lub po prostu „Gwiazdy") z wieżowcami w kształcie ośmioramiennych gwiazd, czy okrągłe „Kukurydze" na Osiedlu Tysiąclecia, nazywanym tu Tauzenem. Tym odważnym projektom łącznie z Superjednostką i innymi modernistycznymi budowlami rozmieszczonymi wzdłuż Alei Korfantego, Katowice zawdzięczają swoją niepowtarzalną panoramę.

△

Tile-clad prefab panel blocks in Odrodzenia Estate.

Wielka płyta wyłożona witromozaiką na Osiedlu Odrodzenia.

▷

The characteristic star-shaped blocks in Roździeńskiego Estate.

Charakterystyczne wysokościowce w kształcie gwiazd na Osiedlu Roździeńskiego.

Built | Budowa: 1970-73   Architect | Architekt: Jadwiga Grabowska-Hawrylak   Renovation | Remont: 2015-2016
District | Dzielnica: Śródmieście   6 residential tower blocks | 6 wieżowców mieszkalnych   Flats | Mieszkania: 486

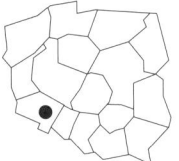

Wrocław > Osiedle Plac Grunwaldzki

The year 1970, with Edward Gierek as the new First Secretary of the Polish United Worker's Party, opened a new chapter for the Polish People's Republic. The 'Golden Decade', as it is often referred to, is remembered as the years of prosperity, with the Polish Fiat 126p, a housing construction boom and fertile ground for bolder dreams of a better future. Such was the modernist vision for Plac Grunwaldzki estate by a Wrocław architect Jadwiga Grabowska-Hawrylak, erected in 1973 in the area of the Scheitniger Stern (as the square was called until 1945) adjacent to the river Oder. Grabowska-

Rok 1970 z Edwardem Gierkiem na czele PZPR otworzył nowy rozdział w dziejach Polskiej Rzeczpospolitej Ludowej. Złota dekada PRL zapisała się w historii jako lata prosperity, polskiego fiata 126p, szybkiego budownictwa oraz wielkich marzeń o lepszej przyszłości. W podobnym duchu powstała modernistyczna wizja osiedla Plac Grunwaldzki, zaprojektowanego przez wrocławską architekt Jadwigę Grabowską-Hawrylak i wzniesionego w 1973 roku na terenie nadodrzańskiego Scheitniger Stern (tę nazwę nosił plac do roku 1945). Projekt Grabowskiej-Hawrylak uwzględniał zagospodarowanie placu futurystycznym kompleksem sześciu wieżowców

Plac Grunwaldzki Estate pictured before renovation.

Osiedle Plac Grunwaldzki przed remontem.

Hawrylak's plan for Plac Grunwaldzki featured a futuristic complex of six housing tower blocks with services on the ground floor erected on a concrete promenade above the street level.

'The complex was designed following the Corbusian fashion for unité(...)... I planned a communal space with a terrace on the roof, while on the ground floor, next to the entrance, there was place for pushchairs and bicycles.'

says the architect (*Dwutygodnik*, 2012). Unlike the spacious duplex apartments the architect designed for her 'Maisonette House' in Kołłątaja mieszkalnych z lokalami usługowymi na parterze, wychodzącymi na betonową promenadę wzniesioną ponad poziom ulicy.

„Ten zespół powstał według corbusierowskiej mody na unité. [...] Na górze zaplanowałam przestrzeń wspólną z tarasem na dachu, na parterze, przy wejściu były miejsca na wózki i rowery."

mówiła architektka w rozmowie z „Dwutygodnikiem" z 2012 roku. W przeciwieństwie do dużych, dwupoziomowych mieszkań w tzw. Mezonetowcu, zaprojektowanym przez nią na ul. Kołłątaja pod

△

The Pavilions of 'Manhattan' where all kinds of services are located have not yet been renovated.

Pawilony na Manhattanie mieszczące różnego rodzaju lokale usługowe pozostały niewyremontowane.

▷

The complex photographed in 2020 from the concrete promenade above the street.

Kompleks sfotografowany z betonowej promenady nad ulicą w 2020 roku.

street back in the late 1950s, Plac Grunwaldzki Estate needed to comply with strict housing norms on m2 (the smallest bedrooms could have no more than 6m2). The buildings' facades were to be made of white concrete with oval pre-cast elements over the windows to fit huge plant pots. It is thanks to the characteristic oval panels that the complex was given the nickname 'The Toilet Seat Buildings' by its many critics. However, to make this giant construction feasible, the costs needed to be cut considerably. The facades were eventually made of grey raw concrete, which highlighted the brutalist nature of the building and greenery was no longer to be included. It was not until its general renovation in 2016 that the Wrocław 'Manhattan' (as the locals call it) could be seen with white facades allowed for in the original plans. The 1980s and 1990s brought the city other avant-garde realizations. One of the most controversial examples of late modernism is a housing complex in Wrocław South by Julian Łowiński composed of three gigantic reinforced concrete slabs with characteristic tall chimneys, called 'The Titanics'.

koniec lat 50. przy budowie osiedla Plac Grunwaldzki musiano zastosować surowe normy dotyczące powierzchni mieszkalnych (metraż najmniejszego pokoju nie mógł przekraczać 6 m2). Elewacje budynków z kolei miały być wykonane z wysokiej jakości białego betonu z owalnymi elementami zachodzącymi na okna i tworzącymi specjalną przestrzeń dla dużych donic z roślinami. To właśnie dzięki kształtowi, jakiemu nadawały budynkom owalne panele, sceptycy nazwali je Sedesowcami. Ze względu na ogromny wymiar przedsięwzięcia i dużych cięć budżetowych, elewacje zostały wykonane z szarego surowego betonu, który podkreślił brutalistyczny charakter budynków, a zieleni pozbyto się całkowicie. Białe elewacje, zgodnie z oryginalnym zamysłem, pojawiły się w końcu na wrocławskim „Manhattanie" (jak nazywają go mieszkańcy) po jego generalnym remoncie w 2016 roku. Lata 80. i 90. przyniosły miastu więcej awangardowej architektury. W dzielnicy Południe stoją na przykład tzw. Titaniki, kompleks trzech potężnych żelbetowych budynków mieszkalnych z charakterystycznymi długimi kominami, a zarazem jedna z najbardziej kontrowersyjnych realizacji późnego modernizmu, zaprojektowana przez Juliana Łowińskiego.

◁◁

Pp. 58-59: 'The Maisonette House' residential building in the Old Town was designed by Jadwiga Grabowska-Hawrylak and built between 1958 and 1960.

Strony 58-59: Budynek mieszkalny 'Mezonetowiec' na Starym Mieście, zaprojektowny przez Jadwigę Grabowską-Hawrylak, zbudowany w latach 1958–1960.

◁

'The Titanic' reinforced concrete housing unit in Powstańców Śląskich street, designed by Julian Łowiński and built in the late 1980s.

Żelbetowy blok mieszkalny na ul. Powstańców Śląskich, projektu Juliana Łowińskiego, ukończony w późnych latach 80.

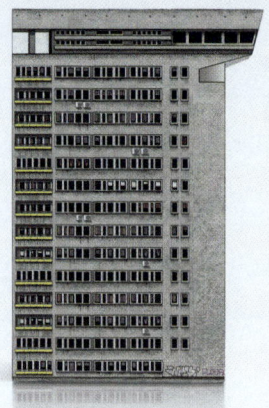

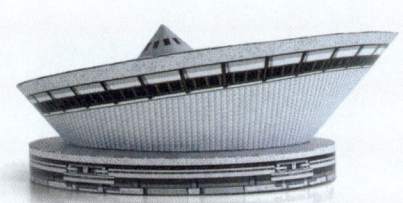

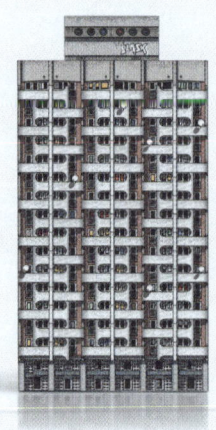

—

Models are die-cut and pre-folded.
Carefully press all elements out. Firmly
fold all parts before assembling.
White glue is recommended.
Enjoy!

—

Modele są gotowe do złożenia.
Delikatnie wyjmij je z arkuszy i dobrze zegnij
wzdłuż zaznaczonych linii przed złożeniem.
Polecamy biały klej introligatorski.
Dobrej zabawy!

Warsaw | Warszawa
Za Żelazną Bramą

Warsaw | Warszawa
Smolna 8

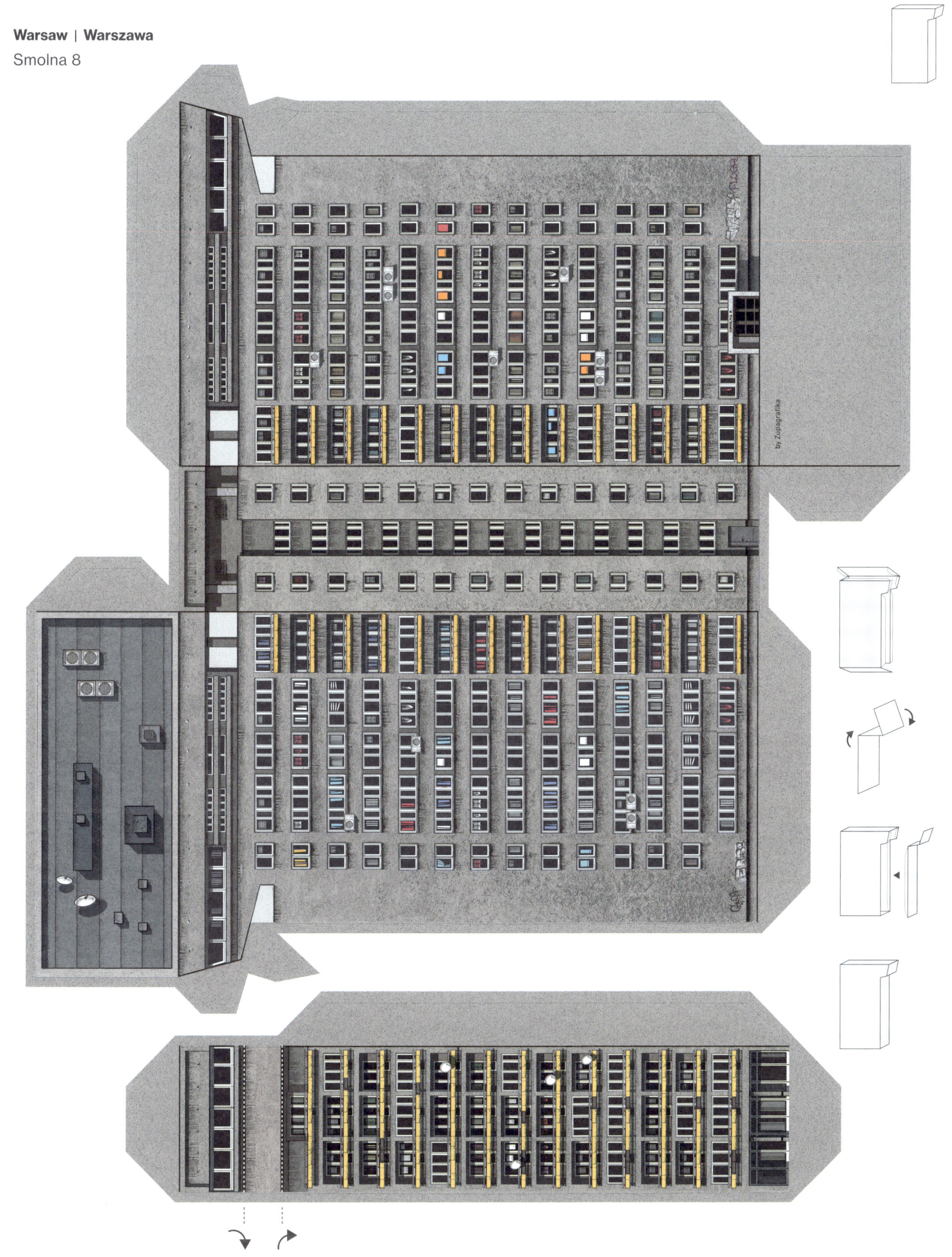

Kraków Hotel Forum

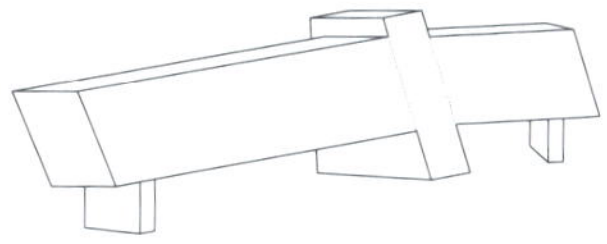

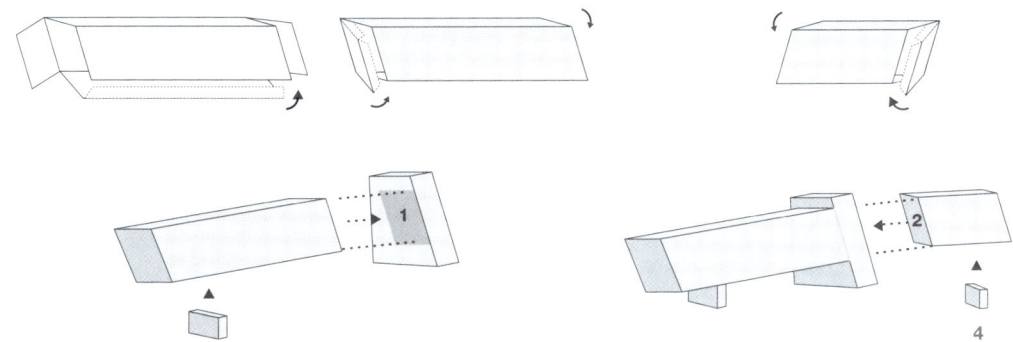
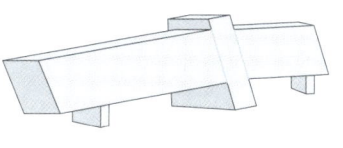
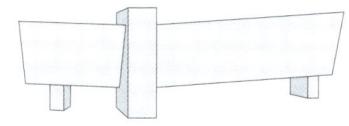

Kraków Hotel Forum

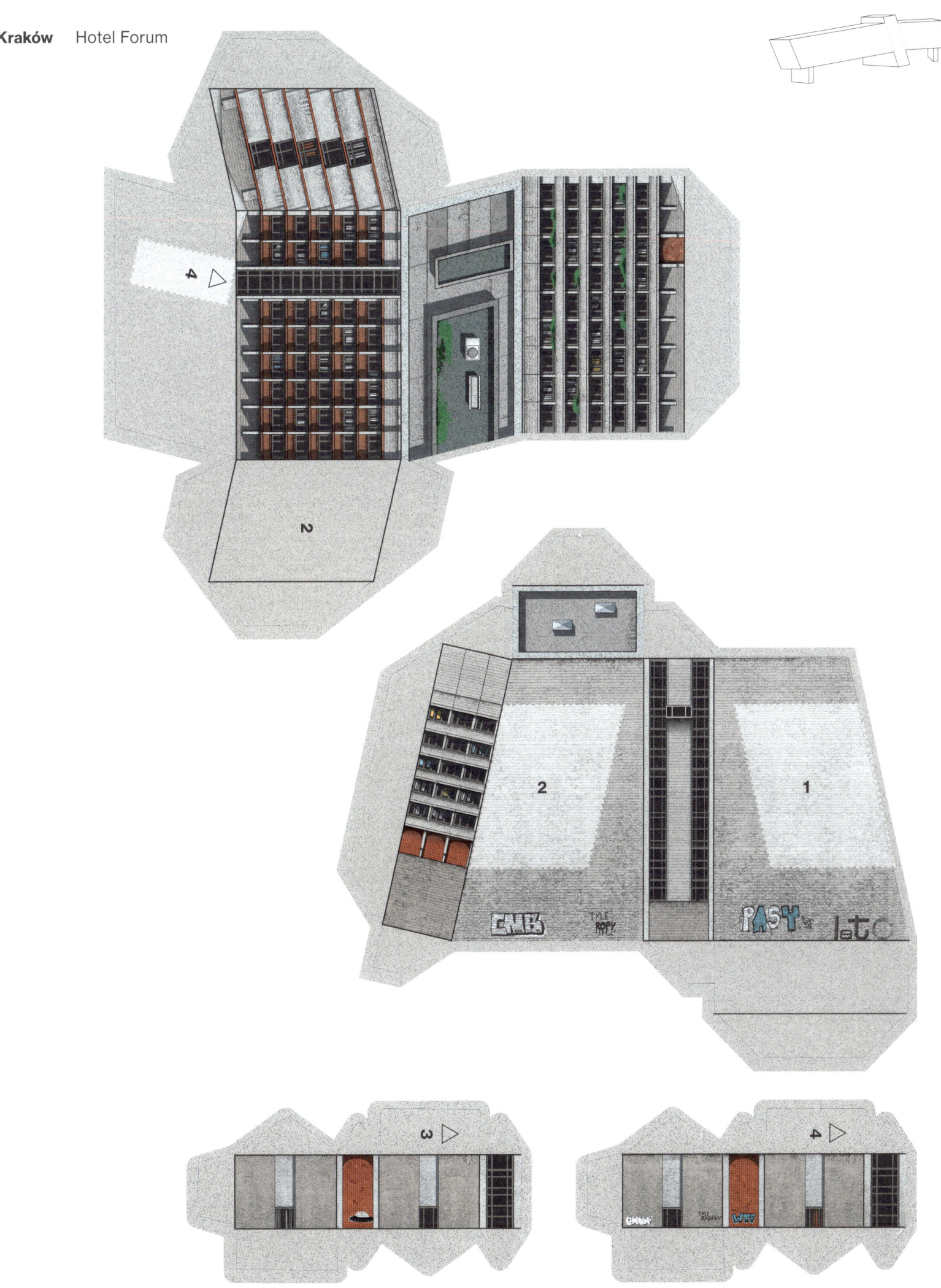

Łódź 'Manhattan'

Łódź 'Manhattan'

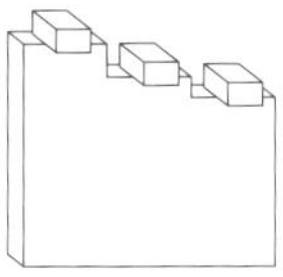

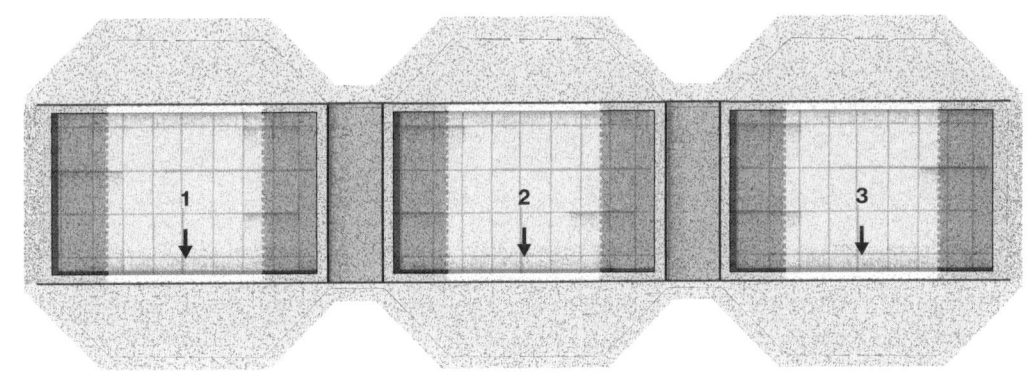

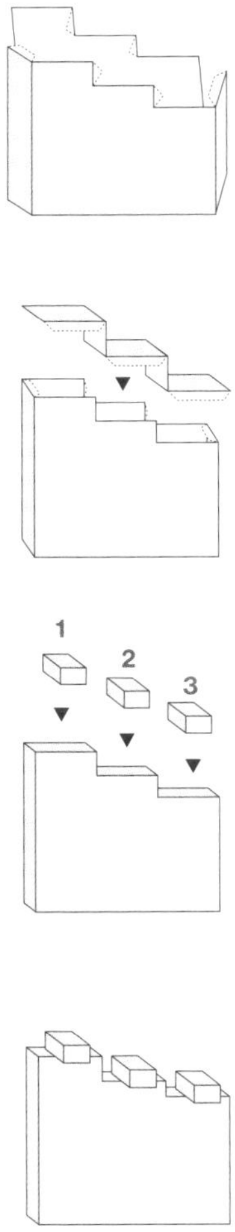

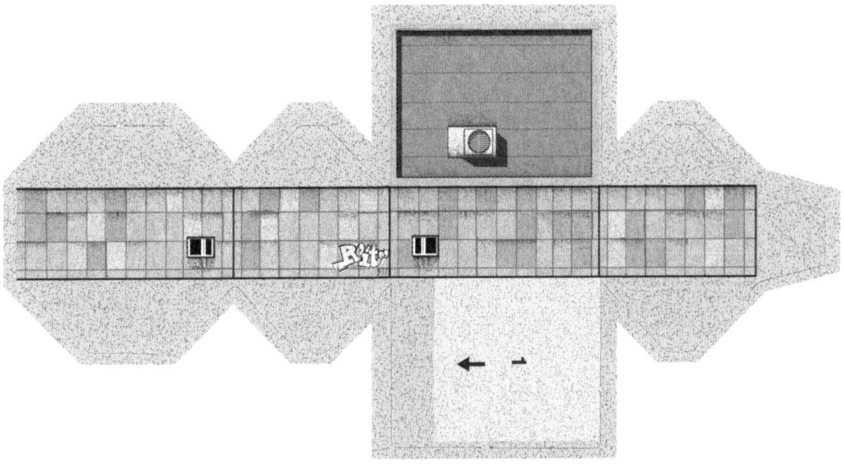

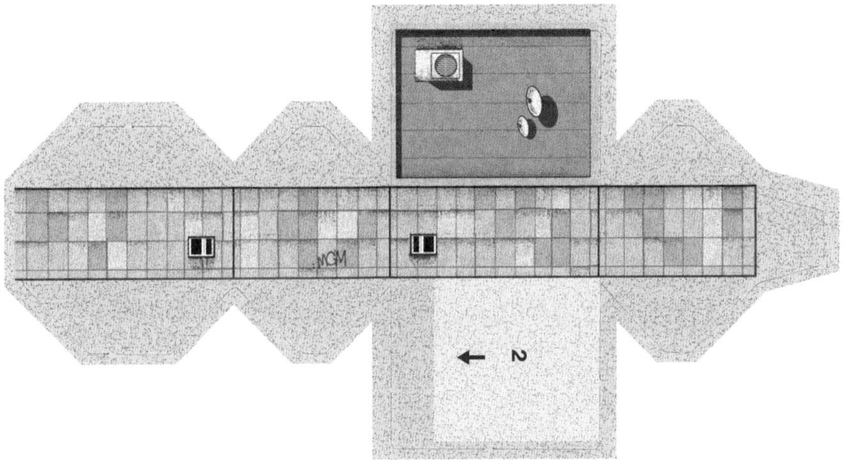

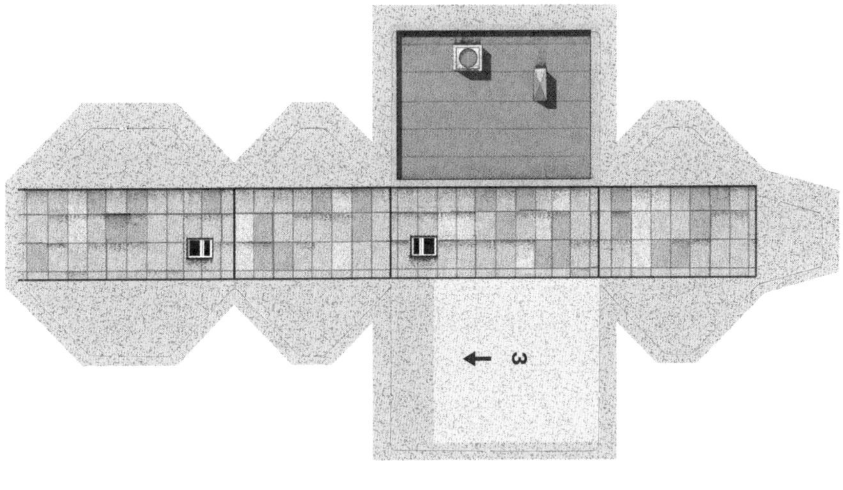

Poznań Os. Orła Białego

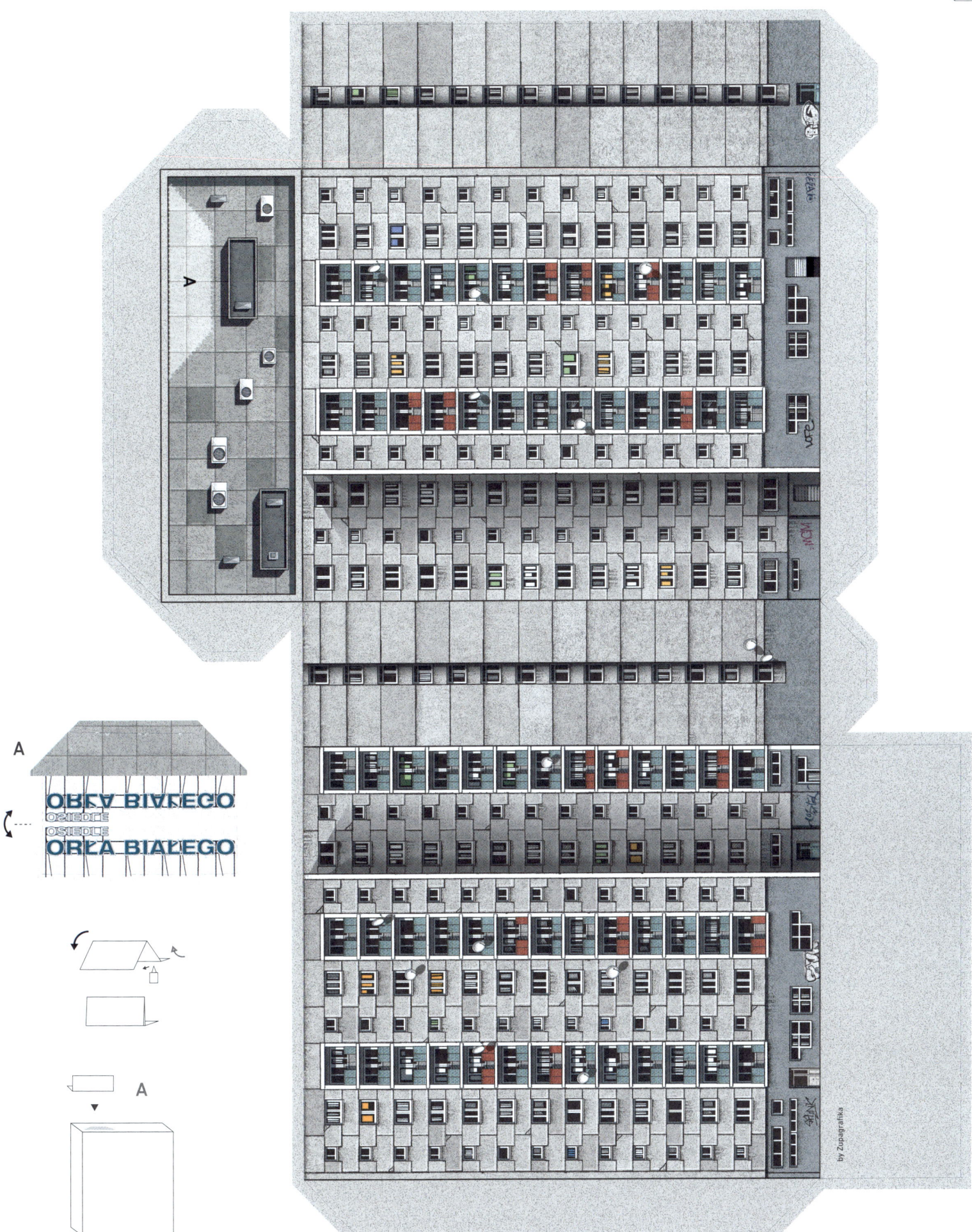

Gdańsk Falowiec

Katowice Spodek

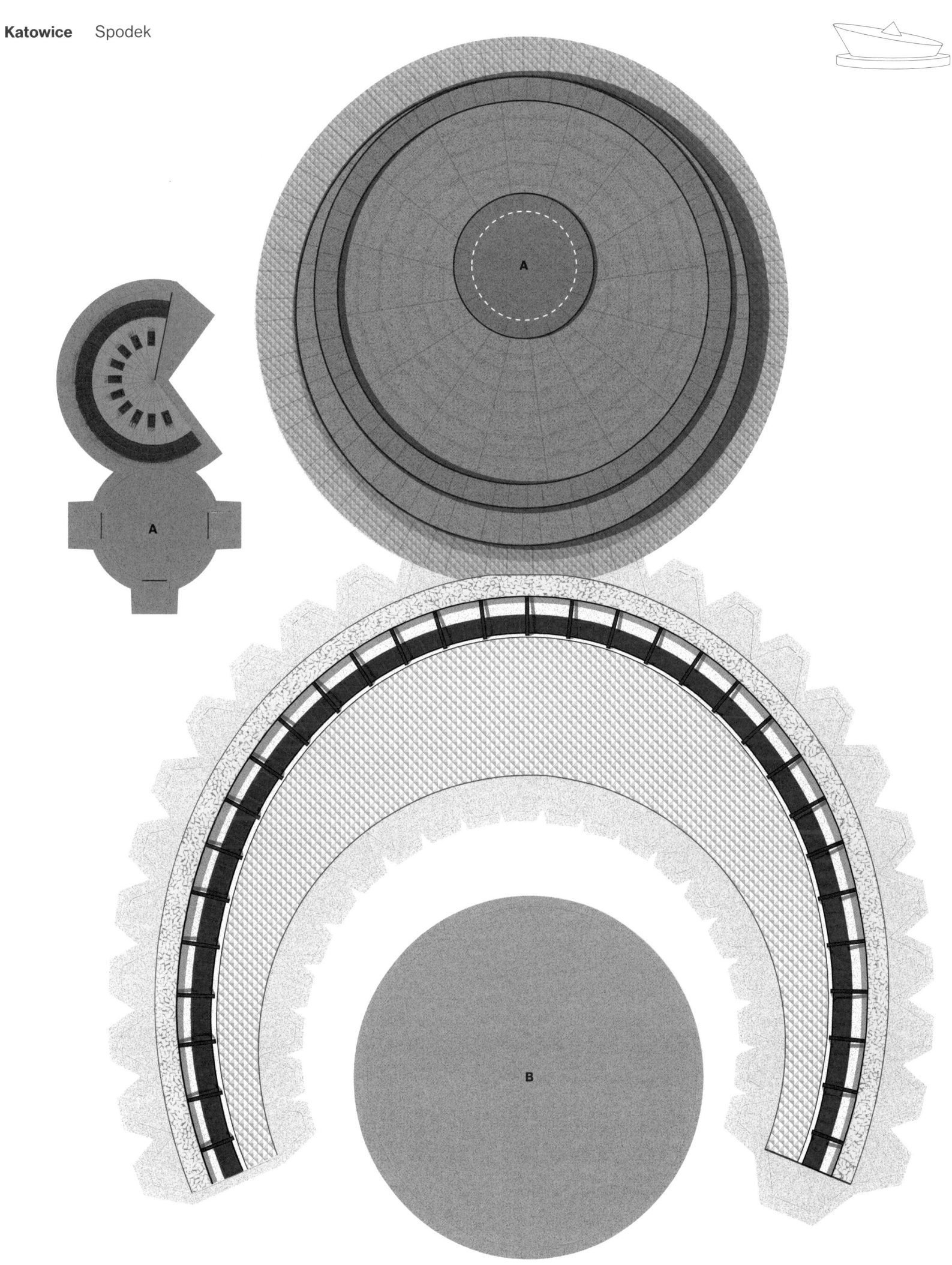

Katowice Spodek

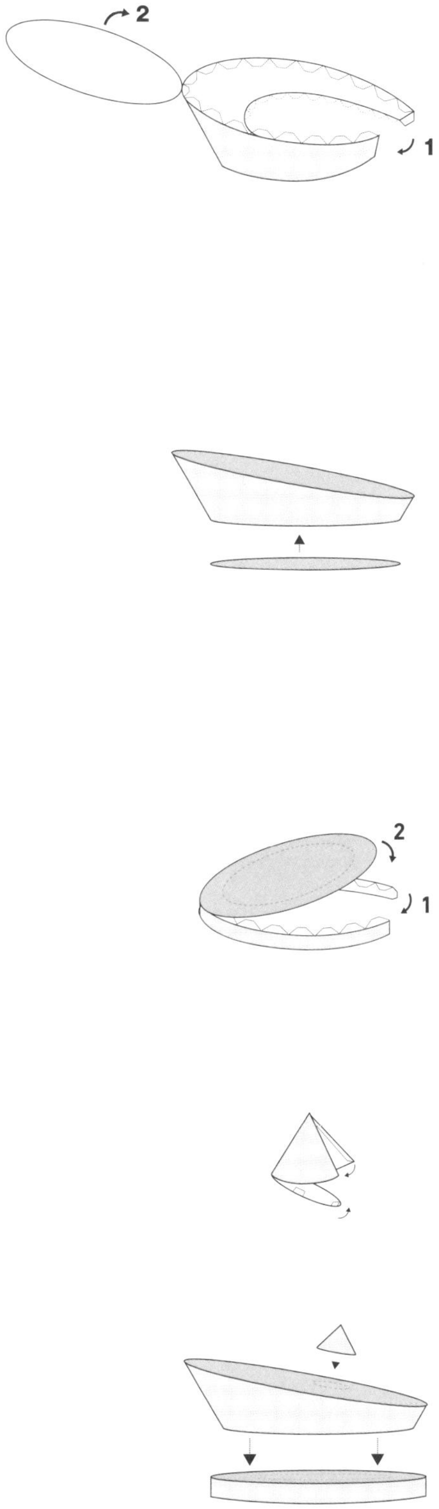

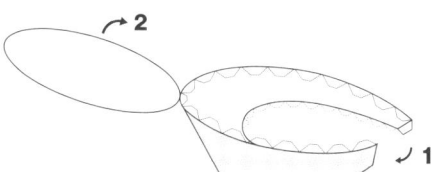
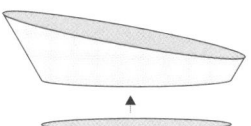
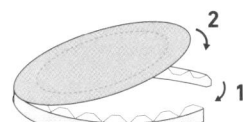

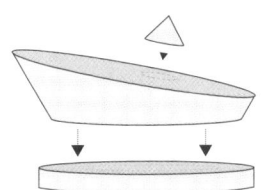

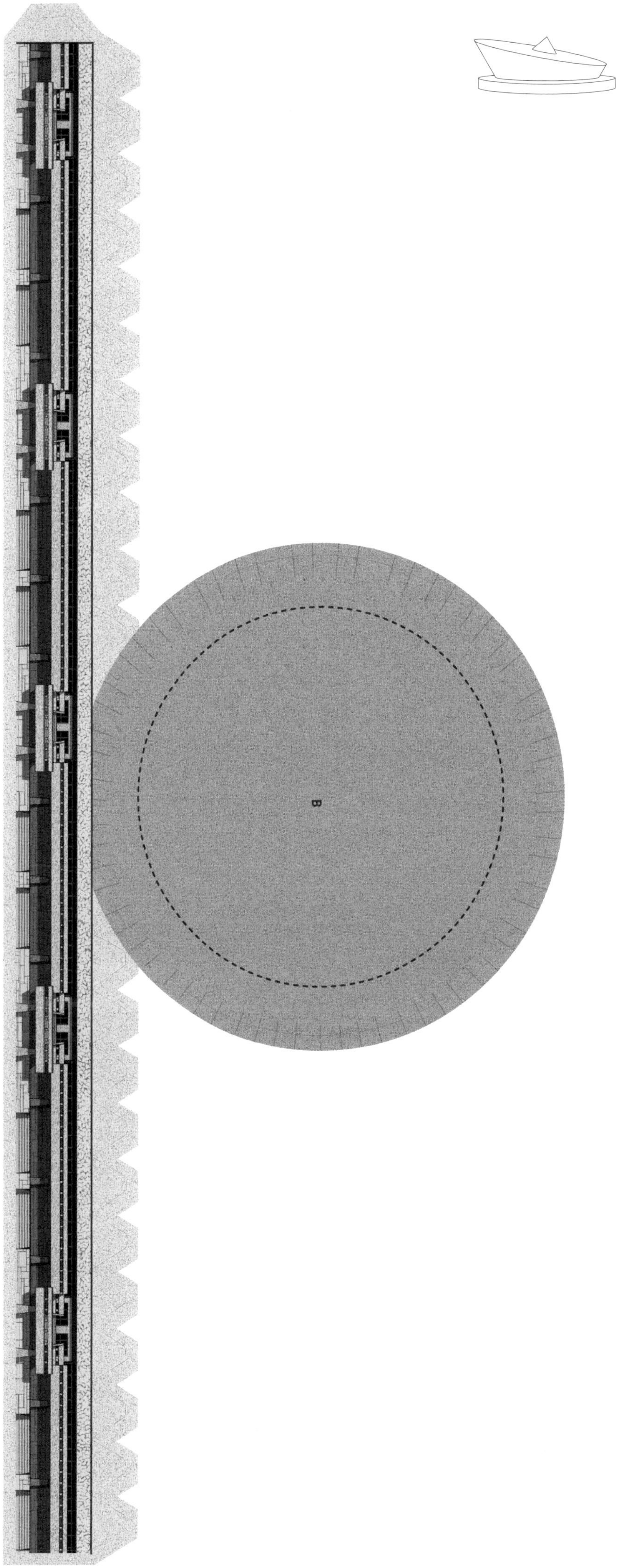

Author | Autor

Zupagrafika are David Navarro and Martyna Sobecka, an independent publisher, author and graphic design studio, established in 2012 in Poznań, Poland, celebrating modernist architecture, design and photography in a unique and playful way.

Over the last decade, David and Martyna have created, illustrated and published award-winning books exploring the post-war modernist and brutalist architecture of the former Eastern Bloc and beyond, such as *Miasto Blok-How* (2012), *Blok Wschodni* (2014) and *Blokowice* (2016). In 2015, they created the *Brutal London* series, documenting brutalist architecture in London at risk of disappearing. The collection quickly attracted worldwide attention and was translated into the book *Brutal London: Construct Your Own Concrete Capital* (Prestel, 2016). Zupagrafika's subsequent publications include *Brutal East* (2017), *The Constructivist* (2017), *Modern East* (2017), *Brutal Britain* (2018), *Hidden Cities* (2018), *Panelki* (2019), *Eastern Blocks* (2019), *Concrete Siberia* (2020), *Monotowns* (2021), *Brutal East vol. II* (2021), *The Tenants* (2022), *Soviet Playgrounds* (2022), *Słup* (2023), *Brutalia* (2023), *Concrete Hong Kong* (2023), *Kiosk* (2024), *Eastern Blocks vol. II* (2025), *Brutal Posters* (2025).

Brutal Poland enables readers to construct some of the most interesting Polish brutalist structures, while learning about PRL (Polish People's Republic) architectural history.

Zupagrafika to David Navarro i Martyna Sobecka – niezależne wydawnictwo, autor oraz pracownia grafiki założona w 2012 roku w Poznaniu, w niebanalny sposób hołdująca architekturze powojennego modernizmu, fotografii oraz polskiemu wzornictwu. Od blisko dekady Martyna i David tworzą, ilustrują oraz wydają cieszące się międzynarodowym uznaniem książki i inne interaktywne publikacje z papieru, przedstawiające najciekawsze przykłady brutalizmu i modernizmu byłego Bloku Wschodniego i nie tylko, jak *Miasto Blok-How* (2012), *Blok Wschodni* (2014) czy *Blokowice* (2016). W 2015 nakładem wydawnictwa ukazała się seria *Brutal London*, dokumentująca znikającą brutalistyczną architekturę Londynu. Kolekcja odbiła się szerokim echem w światowych mediach i została zaadaptowana na książkę *Brutal London: Construct Your Own Concrete Capital* (Prestel, 2016). Pozostałe tytuły wydane przez Zupagrafikę to *Brutal East* (2017), *The Constructivist* (2017), *Modern East* (2017), *Brutal Britain* (2018), *Hidden Cities* (2018), *Panelki* (2019), *Eastern Blocks* (2019), *Concrete Siberia* (2020), *Monotowns* (2021), *Brutal East vol. II* (2021), *The Tenants* (2022), *Soviet Playgrounds* (2022), *Słup* (2023), *Brutalia* (2023), *Concrete Hong Kong* (2023), *Kiosk* (2024), *Eastern Blocks vol. II* (2025), *Brutal Posters* (2025).

Książa *Brutal Poland* pozwala czytelnikom samodzielnie zbudować powojenne modernistyczne budowle wzniesione w PRL, zapoznać się z ich historią, oraz spojrzeć na te betonowe konstrukcje z innej perspektywy.

Zupagrafika would like to thank Anna Cymer, Martin Maleschka, Artur Salisz, Paquita Borque, Marta & Maciej Mach, Maciej Kabsch, Kasia & Paweł, Andrés & Judit, Rita & Simón, for their help and support.

Zupagrafika dziękuje Annie Cymer, Martinowi Maleschce, Arturowi Saliszowi, Paquitcie Borque, Marcie i Maciejowi Mach, Maciejowi Kabschowi, Kasi i Pawłowi, Andrésowi i Judit, Ricie i Simónowi, za pomoc i wsparcie.

Copyright © 2020 ZUPAGRAFIKA

Design, layout, cover, illustrations, models, idea: David Navarro & Martyna Sobecka (Zupagrafika)

Texts & edition: David Navarro & Martyna Sobecka (Zupagrafika)

Foreword: Anna Cymer

Photographs: David Navarro & Martyna Sobecka (Zupagrafika), with the exception of p. 4: Grażyna Rutowska; p. 19: Artur Salisz; p. 20: Martin Maleschka; p. 55: Agencja Fotograficzna Caro

All Rights Reserved. No part of this publication may be reproduced or transmitted in any form or by any means, electronic or mechanical, including photocopy, recording or any other information storage and retrieval system, without prior permission in writing from the publisher.

© for the cover, illustrations, models, text, design: Zupagrafika, 2020

© for the photos: Zupagrafika, with the exception of p. 4: Grażyna Rutowska (NAC archive); p. 19: Artur Salisz; p. 20: Martin Maleschka; p. 55: Agencja Fotograficzna Caro / Alamy Stock Photo

Published by Zupagrafika
Poznań, Poland. 2020

Printed in Poland
Paper from responsible sources
ISBN 978-83-950574-7-2
www.zupagrafika.com

Projekt, layout, okładka, ilustracje, modele, pomysł: David Navarro & Martyna Sobecka (Zupagrafika)

Teksty i edycja: David Navarro & Martyna Sobecka (Zupagrafika)

Prolog: Anna Cymer

Zdjęcia: David Navarro & Martyna Sobecka (Zupagrafika), z wyjątkiem str. 4: Grażyna Rutowska; str. 19: Artur Salisz; str. 20: Martin Maleschka; str. 55: Agencja Fotograficzna Caro

Wszelkie prawa zastrzeżone. Żadna część niniejszej publikacji nie może być reprodukowana lub rozpowszechniana w jakiejkolwiek formie i w jakikolwiek sposób (w tym także elektroniczny lub mechaniczny na wszelkich polach eksploatacji), włącznie z kopiowaniem, nagrywaniem, przetwarzaniem i wpisywaniem do pamięci lub do innych systemów do przechowywania i zapisu danych, bez pisemnej zgody wydawcy.

© okładka, ilustracje, modele, teksty, projekt: Zupagrafika, 2020

© zdjęcia: Zupagrafika, z wyjątkiem stron str. 4: Rutowska Grażyna (NAC archive); str. 19: Artur Salisz; str. 20: Martin Maleschka; str. 55: Agencja Fotograficzna Caro / Alamy Stock Photo

Wydawca: Zupagrafika
Poznań, 2020

Książka została wydrukowana w Polsce.
Papier pochodzi z odpowiedzialnych źródeł.
ISBN 978-83-950574-7-2
www.zupagrafika.com